LES LOIS FRANÇAISES
A LA PORTÉE DE TOUS

CODE
DU
DIVORCE

Causes de divorce. -- Procédure. -- Demande.

Mesures provisoires et conservatoires.

Enquête. -- Jugement. -- Exécution.

Réconciliation des époux. - Remariage. - Le nom.

Partage des biens. -- Frais de l'instance.

La séparation de corps.

Effets. -- Disjonction. -- Réconciliation.

Conversion en divorce.

"ÉDITIONS & LIBRAIRIE"
40, Rue de Seine, 40
PARIS

Prix : 0.75

(Voir suite page 3 couverture

DIVORCE

Le divorce peut se définir ainsi : la rupture légale de l'acte civil du mariage prononcée par l'autorité judiciaire sur la demande de l'un des époux et pour des causes que la loi autorise. Il dissout le mariage, tandis que la séparation de corps le laisse subsister et en relâche seulement le lien en dispensant les époux de vivre ensemble et ne séparant leurs patrimoines.

CAUSES DE DIVORCE

Les articles 229 à 232 du Code civil énumèrent quelles causes les époux peuvent invoquer pour solliciter le divorce, il faudrait y ajouter celle qui découle d'une séparation de corps ayant duré 3 ans.

Les premières des causes susdites se répartissent ainsi : 1° adultère de l'un des époux ; 2° excès, sévices ou injures graves de l'un d'eux envers l'autre ; 3° condamnation de l'un d'eux à une peine afflictive et infamante. L'adultère et la condamnation sont des causes péremptoires entraînant toujours le divorce dans les autres cas, les juges apprécient si la gravité invoquée est fondée.

Les faits antérieurs au mariage ne peuvent être invoqués, si graves qu'ils soient, non plus que ceux qui dateraient de plus de trente ans : il y a prescription.

Un accouchement prématuré qu'on ne pouvait soupçonner lors du mariage serait un juste motif de divorce.

ADULTÈRE

Quels qu'en soient l'auteur (le mari ou la femme) et les circonstances, si accidentel qu'il ait été, l'adultère est, dans tous les cas, un juste motif de divorce, à condition d'être démontré. Cette réserve vient de ce que la preuve des rapprochements adultérins n'est pas toujours facile : il n'est pas usuel de prendre les coupables la... main dans le sac. Aussi, les tribunaux devront se contenter de présomptions graves, précises et concordantes, d'aveux, de lettres, etc., ce qui est généralement facile.

Le constat d'un officier de police judiciaire est un des moyens les plus fréquemment employés. Remarquons à ce sujet que le parquet doit déférer à toute réquisition du mari tendant à la constatation d'un adultère commis par sa femme, car l'adultère de la femme, en quelque lieu et dans quelques conditions qu'il soit commis, constitue toujours un délit. Au contraire, il ne doit déférer à la réquisition qui lui est adressée par la femme de constater l'adultère du mari qu'autant qu'il y a entretien de concubine au domicile conjugal. Autrement, en effet, l'adultère du mari ne constitue pas un délit et les magistrats ne doivent prêter leur ministère aux particuliers que pour la constatation de faits délictueux. L'un des époux peut produire, pour prouver l'adultère de l'autre, des lettres échangées entre les coupables, lorsqu'il n'a employé pour se les procurer aucun procédé délictueux.

La preuve de l'adultère peut être administrée, même quand elle aboutit indirectement à la recherche de la paternité ou à la constatation d'une filiation adultérine.

L'adultère est une cause péremptoire de divorce ; dès qu'il est constaté, le divorce doit être prononcé, les tribunaux n'ont donc en ce cas aucun pouvoir d'appréciation. Ils reprennent leurs facultés d'interpréter dès qu'il s'agit de déterminer les faits qui constituent l'adultère au sens légal du mot. C'est ainsi que le juge appréciera d'une manière discrétionnaire si le rapprochement sexuel a eu lieu ou s'il n'y a eu que des privautés, s'il a eu lieu en pleine connaissance de cause, s'il n'est pas le résultat d'un piège volontairement tendu par un époux à la fidélité de l'autre, etc.

EXCÈS, SÉVICES ET INJURES GRAVES

Les excès sont des actes de violence, exercés par l'un des époux contre l'autre et qui peuvent mettre en danger la vie ou la santé de celui qui en est victime. Les sévices sont un diminutif des excès. Ils consistent dans de mauvais traitements : excès de travail, privation de nourriture, de sommeil, séquestration, etc.., qui, sans menacer la santé, rendent cependant l'existence en commun insupportable. C'est dire qu'ils doivent être graves pour causer le divorce. Enfin, les injures comprennent les insultes, les imputations orales ou écrites et les actes qui portent atteinte à l'honneur ou à la considération de l'époux contre lequel ils sont dirigés.

La preuve des excès, sévices et injures graves peut être administrée par témoins ou par simples présomptions. Ils peuvent être invoqués au même titre par le mari et par la femme.

Dans cet ordre de choses, la jurisprudence laisse au juge un pouvoir d'appréciation discrétionnaire. Il devra, dans chaque espèce, prendre en considération, pour se déterminer, en même temps que les circonstances de la cause, la condition sociale, l'éducation, les habitudes, les sentiments et les mœurs des époux. La question de savoir s'il y a excès, sévices ou injures graves sera donc, dans tous les cas, une question de fait, tranchée souverainement par les juges du fond et qui, comme telle, ne peut donner ouverture à cassation. Aussi, il est de toute nécessité que l'époux coupable soit conscient et responsable de l'acte qu'il accomplit : des brutalités commises sous l'influence d'une maladie nerveuse ne sont pas une cause de divorce.

La folie n'est pas une cause de divorce ; une maladie grave ou infectieuse non plus. (Voir aussi page 5).

INJURES GRAVES

La cause des injures, qui doivent être toujours graves, étant plus particulièrement imprécises, nous allons ajouter de nouveaux exemples à ceux donnés plus haut et les détailler.

Sont des injures graves, en outre de mots grossiers : chameau, etc., l'imputation d'adultère, une action en désaveu de paternité, l'accusation de vices honteux dont on ne peut fournir la preuve, le fait par un époux d'écrire à son fils une lettre dans laquelle il qualifie sa femme comme une personne dévergondée. Quant aux accusations injurieuses et sans preuve échangées par les conjoints au cours même de l'instance en divorce, il appartiendra aux tribunaux d'examiner si l'époux a ou n'a pas excédé son droit de plaideur et si les propos sont susceptibles de rendre la vie commune impossible dans l'avenir.

Des actes d'immoralité, la légèreté de la femme, ses fréquentations déplacées et défendues par le mari, etc. peuvent constituer l'injure grave. Le fait d'un mari d'avoir fait à une domestique des propositions honteuses et de s'être, en outre, livré à des actes obscènes sur la personne de cette fille, quoique ne constituant pas l'adultère, peut passer pour une injure grave.

Le refus par la femme de consommer le devoir conjugal ne constitue une injure grave que lorsqu'il est constant qu'il doit être attribué à un sentiment de mépris et d'aversion du conjoint pour la personne de l'autre conjoint. Il devra, en outre, pour motiver le divorce, être formel et irrévocable ; il ne saurait être invoqué notamment au cas où, depuis l'instance, le conjoint aurait offert de recevoir son conjoint et d'accomplir sans réserve ses devoirs d'époux.

Il en est de même pour l'abandon du domicile conjugal. Ainsi le divorce a été rejeté lorsque la femme a subordonné son retour à des conditions qui ont été reconnues légitimes, en harmonie avec la situation qu'elle doit avoir dans le ménage et conformes à son éducation, à son caractère et à sa dignité personnelle. Il a été jugé qu'il n'y a pas injure grave dans le fait d'un mari de s'expatrier après avoir déclaré qu'il ne reviendrait pas avant d'avoir fait fortune. L'abandon de domicile n'est pas un motif de divorce quand il se fonde sur une faute de l'autre conjoint : brutalité, inconduite, indifférence, manque de soins, etc.; de même quand ledit domicile est précaire, commun avec d'autres parents et non particulier.

En résumé, il est de principe que l'abandon du domicile conjugal ne constitue pas par lui-même une cause péremptoire de divorce, il faut qu'il soit accompagné de circonstances propres à en éclairer l'intention de la portée injurieuse.

Mêmes distinctions doivent être faites à l'égard du refus par le mari de recevoir sa femme au domicile conjugal.

Relativement à la communication du mal vénérien, les auteurs enseignent qu'il y a là au moins une présomption d'adultère et qu'il incombe par suite au conjoint qui a communiqué la syphilis de prouver que cette maladie n'est pas la conséquence d'un rapprochement illicite. Il a été jugé que le fait par un mari, atteint d'une maladie vénérienne contagieuse, de se faire soigner par sa femme et de l'exposer ainsi aux dangers les plus sérieux constituent une injure grave.

Le refus de consentir à la bénédiction religieuse du mariage ne constitue une injure grave qu'en raison des faits qui l'accompagnent. Idem pour le cas où le mari refuse de faire baptiser ses enfants ou trouve bon de leur faire changer de religion. Il peut n'y avoir là qu'usage, et non abus, de l'autorité maritale et paternelle à laquelle la femme doit se soumettre.

L'ivresse habituelle, quand elle est scandaleuse, surtout étant donnée la situation sociale des époux, peut être considérée comme une injure grave et entraîner le divorce.

PEINE AFFLICTIVE ET INFAMANTE

C'est comme l'adultère, une cause péremptoire de divorce ; la prononciation ne peut en être refusée du moment que le fait est constant.

Les peines afflictives et infamantes, comme d'ailleurs les peines simplement infamantes ne sont prononcées qu'en matière criminelle. En matière correctionnelle, les peines ne supportent aucune de ces deux qualifications. Les peines afflictives et infamantes, causes de divorce, sont par ordre de progression descendante : la mort, les travaux forcés à perpétuité, la déportation, les travaux forcés à temps, la détention et la réclusion.

Une peine simplement correctionnelle pourra, suivant les circonstances, ouvrir l'action en divorce pour injures graves.

La peine ne forme une cause de divorce que lorsqu'elle est devenue irrévocable. L'époux qui aurait subi ou prescrit sa peine ou qui aurait été grâcié ne serait recevable pour autant à opposer cette circonstance comme une fin de non-recevoir, mais l'amnistie ou la réhabilitation, enlevant tout caractère infamant, détruirait la causalité de divorce. Il faut encore que la condamnation, pour être cause de divorce, soit prononcée pendant le mariage.

—⁂—

Telles sont les seules causes de divorce. L'énumération que la loi en donne est essentiellement limitative. On ne peut divorcer que pour les susdits motifs.

Le divorce par consentement mutuel est aboli.

L'antipathie des caractères n'est pas une cause de divorce.

PROCÉDURE — DEMANDE

La procédure du divorce peut se diviser en deux phases bien distinctes : la première se résume, y compris la formalité de la demande, en un essai de conciliation, tentée par le président du tribunal compétent, la seconde comprend la procédure sur le fond et le jugement définitif avec son exécution.

L'époux qui veut former une demande en divorce présente, en personne, sa requête au président du tribunal ou au juge qui en fait fonctions, dit la loi. Pour cela, il se présente chez un avoué, muni de son contrat de mariage ou de son livret de famille, afin que les noms et prénoms de la procédure soient rigoureusement conformes à ceux de l'état civil. Une erreur sur ce point entraîne souvent des conséquences très fâcheuses quand il faut transcrire les jugements sur les registres de l'état civil. L'avoué rédige la requête, la dépose au greffe du tribunal pour permettre au président de fixer une audience à l'époux demandeur, puis la rend à ce dernier en lui indiquant le jour et l'heure où il faudra se rendre chez le président du tribunal.

Mais quel tribunal ? C'est le tribunal civil du domicile conjugal, c'est-à-dire, le plus souvent, le tribunal du domicile du mari ; mais encore faut-il, évidemment, que le mari ait un domicile fixe et sérieux. Si un même fait est de nature à motiver une action en divorce et une poursuite devant les tribunaux criminels, l'action en divorce ne pourra être intentée devant ce tribunal criminel saisi de l'action publique et incidemment à cette action : il faudra passer de l'un à l'autre. Conformément au droit qui veut que le criminel *tienne le civil en état*, ce sera le tribunal répressif qui prononcera le premier. Après le jugement ou l'arrêt, le divorce sera appelé devant les juges civils.

L'acquittement, en police correctionnelle ou en cour d'assises, ne ferait pas obstacle à une condamnation possible au civil, je veux dire au succès de la demande en divorce. Il y a des faits, non punissables, qui sont des causes de divorce : l'adultère du mari hors du domicile conjugal. Mais si la justice criminelle avait rendu une sentence de condamnation, elle pourrait toujours être invoquée par l'autre conjoint dans sa demande.

Cette demande, on l'a vu, s'introduit par une requête rédigée par un avoué. Elle doit détailler les faits ou, tout au moins, les exposer sommairement. Ceux postérieurs à la requête pourront être portés à la connaissance du tribunal par de nouveaux actes.

Qui peut demander le divorce ? L'époux seul, contre l'autre époux ; c'est un droit exclusivement attaché à leur personne. Non seulement il ne peut être exercé de leur chef par leurs créanciers et après leur mort par leurs héritiers, mais encore ne pourrait plus être continué par l'autre après la mort de l'un d'eux survenue pendant le procès, même en cause d'appel ; car désormais il n'est plus possible d'atteindre le but en vue duquel il avait été intenté et qui était de dissoudre le mariage. Nous verrons même que le décès de l'un des conjoints anéantit le jugement qui prononce le divorce si le décès survient avant que le jugement soit devenu irrévocable par sa transcription sur les registres de l'état civil.

ESSAI DE CONCILIATION

La requête introductive doit être présentée par le demandeur en personne, cette formalité a pour but de faciliter de bons conseils du président au demandeur. En cas d'empêchement dûment constaté, le magistrat se transportera, assisté de son greffier, au domicile de l'époux demandeur. En cas d'interdiction légale résultant d'une condamnation, la requête à fin de divorce ne peut être présentée par le tuteur que sur la réquisition ou avec l'autorisation de l'interdit.

Le juge, après avoir entendu le demandeur dans son cabinet, lui fait les observations qu'il croit convenables, puis ordonne, au bas de la requête, que les parties comparaîtront devant lui au jour et à l'heure qu'il indique et commet un huissier pour notifier la citation.

Sur cette ordonnance, le président du tribunal autorise encore, s'il y a lieu, l'époux demandeur à résider séparément en indiquant, s'il s'agit de la femme, le lieu de la résidence provisoire. Cette ordonnance, en tant qu'elle fixe aux époux un domicile séparé, a pris une importance considérable en ce qu'elle est le point de départ du délai pour se remarier.

C'est à ce moment, avant la signification de la citation au mari pris pour ainsi dire à l'improviste, qu'il est le plus opportun pour la femme de prendre des mesures conservatoires (voir plus loin) à raison de sa part dans la communauté ou de ses reprises. Elle peut, à cet effet, adresser une requête au président du tribunal et, sur l'ordonnance rendue par ce dernier, former saisie-arrêt entre les mains des débiteurs de son mari, requérir l'apposition des scellés sur les effets communs et dresser un inventaire qui, plus tard, servira de base à la liquidation. Toutes ces exécutions suivent leur cours en même temps que la procédure du divorce.

La requête du demandeur, contenant les motifs du divorce et l'ordonnance sont signifiées, en tête de la citation donnée à l'époux demandeur, trois jours au moins avant celui fixé pour la comparution, outre les délais de distance (un jour par cinq myriamètres), le tout à peine de nullité.

Au jour indiqué, le juge entend les parties, qui se présentent en personne, et non assistées de leurs avoués, et tente un essai de conciliation, comme déjà il a fait de sages observations au demandeur. La séance consacrée à cet essai de conciliation doit être tenue au palais de justice, dans le cabinet du président du tribunal. Si l'une des parties se trouve dans l'impossibilité de s'y rendre, le magistrat désigne un autre lieu. Il peut donner commission pour entendre le défendeur; le demandeur ne jouit pas de ce dernier privilège, il est présumé en situation de se transporter facilement près du juge.

Celui-ci, en cas de non-conciliation ou de défaut, rend une nouvelle ordonnance qui constate le cas et permet au demandeur d'assigner l'autre partie devant le tribunal.

Suivant les circonstances, le juge, avant d'autoriser le demandeur à citer, peut encore ajourner les parties, c'est-à-dire suspendre la délivrance du permis de citer, pendant un délai qui ne peut excéder vingt jours, afin de donner au demandeur le temps de réfléchir et de s'arrêter, sauf à ordonner les mesures provisoires nécessaires.

Déjà, par le fait de l'ordonnance, la femme est autorisée à faire toutes les procédures pour la conservation de ses droits et à ester en justice jusqu'à la fin de l'instance et des opérations qui en sont les suites.

Pour les mesures provisoirës, nous en parlons longuement plus loin.

Le demandeur en divorce devra user de la permission de citer, qui lui a été accordée par l'ordonnance du président dans un délai de vingt jours à dater de cette ordonnance. Il peut donc y avoir deux délais de vingt jours : l'un est suspensif des poursuites, l'autre, limitatif, est au contraire fixé pour les engager ; faute par le demandeur d'avoir usé de la permission de citer, pendant ledit délai, les mesures provisoires ordonnées à son profit cesseront de plein droit ; il serait, alors, dans l'obligation de les requérir à nouveau.

MESURES PROVISOIRES

Ces mesures sont celles ordonnées, soit par le président, soit par le tribunal, en attendant le jugement définitif, depuis la présentation de la requête initiale.

A partir de ce jour, en effet, il se peut que la cohabitation devienne intolérable ou même dangereuse et que, dès ce moment, l'époux demandeur sollicite l'autorisation de quitter le domicile conjugal. En conséquence, le juge peut, sur l'ordonnance permettant de citer devant le tribunal, autoriser le demandeur à résider séparément. S'il s'agit de la femme, il fixera, à sa discrétion, le lieu de la résidence provisoire. S'il s'agit du mari, il ne lui appartiendra pas de préciser un nouveau domicile, il ne pourra que l'autoriser à quitter sa femme ou, ce qui ne laisse pas d'être contestable, à renvoyer celle-ci après, toutefois, lui avoir assuré le gîte et la table.

A contrario, le président peut autoriser la femme à rester au domicile conjugal et à expulser le mari, par exemple, s'il y a un fonds de commerce qui ne peut être géré que par elle.

Rien ne s'oppose d'ailleurs à ce que les époux continuent à vivre ensemble pendant la durée de l'instance, ou pendant un laps de temps déterminé.

Par cette première ordonnance, le président du tribunal peut encore statuer, mais provisoirement, sur la garde des enfants et la remise d'effets personnels, mais la loi lui refuse le droit d'accorder à ce moment une pension alimentaire et, à plus forte raison, une provision pour les frais du procès.

A la suite de la tentative contradictoire de conciliation, le juge, plus instruit des faits, statue à nouveau, s'il y a lieu, sur la résidence de l'époux demandeur, sur la garde des enfants, sur la remise des effets personnels (pour la reprise desquels la femme pourra se faire assister, si besoin est, par le commissaire de police, celui-ci est requis sur la simple exhibition de l'ordonnance) et il a la faculté de statuer également,

.s'il y a lieu, sur la demande d'aliments. Ce texte semble indiquer que c'est seulement à partir de ce jour que le président pourra fixer une *pension* alimentaire. Mais n'aurait-il pas, dès l'instant de la requête, le droit d'accorder un *secours* alimentaire ? L'affirmative peut se soutenir.

Nous savons qu'après la tentative contradictoire et vaine de conciliation, le président du tribunal se dessaisit de la cause qui est soumise au tribunal, c'est donc celui-ci qui prendra maintenant les mesures provisoires ; celles prescrites par le juge peuvent être modifiées ou complétées au cours de l'instance par jugement, sans préjudice du droit qu'a toujours le juge de statuer, en tout état de cause, en référé, sur la résidence de la femme et la question des enfants dont la situation peut être modifiée à tout instant suivant leurs intérêts.

Le tribunal peut encore ordonner toutes les mesures provisoires qui lui paraissent nécessaires dans l'intérêt des enfants, c'est-à-dire en confier la garde à l'une des parties, aux ascendants, ou même à une tierce personne. Les époux, dans ce dernier cas, ou l'époux à qui la garde a été enlevée, ont quand même le droit de surveiller l'entretien et l'éducation des enfants et de recourir aux tribunaux pour obtenir la répression des abus qui seraient commis. De plus, chaque époux doit contribuer, proportionnellement à ses moyens, à l'entretien des enfants.

Enfin, le tribunal statue sur la demande relative aux aliments pour la durée de l'instance (il faudra la renouveler en appel), sur les provisions pécuniaires destinées à faire face aux frais du procès et sur toutes les autres mesures urgentes.

La provision alimentaire accordée à la femme pendant l'instance constitue une avance sur ce qui lui reviendra d'après la liquidation de la communauté, et cela se conçoit, puisque le divorce remonte, quant à ses effets, au jour même de la demande ; si elle ne lui était pas remboursée, le mari n'aurait aucun recours contre sa femme, soit pour la totalité, soit pour le reliquat ; ce n'est pas une dette.

Au cours de l'instance, la femme est tenue de justifier de sa résidence dans la maison qui lui a été indiquée, toutes les fois qu'elle en est requise ; à défaut de justification, le mari peut refuser la provision alimentaire et si la femme est demanderesse en divorce, la faire déclarer non recevable à continuer ses poursuites pendant tout le temps qu'elle restera hors de la résidence qui lui a été assignée : c'est, pour le mari défendeur, une façon assez curieuse de faire avorter les poursuites intentées par la femme.

L'obligation de résidence imposée à la femme n'est pas rigoureuse au point de lui interdire un petit déplacement pour sa santé ou ses plaisirs. Elle n'y manquerait que par une fuite ou un abandon réel, un déplacement excessif ou constitutif d'une faute. On lui saurait gré d'avoir avisé le président du tribunal d'une absence éventuellement durable.

Toutes ces mesures, sauf celles ordonnées par le président lors de la présentation de la requête, sont susceptibles d'appel dans les délais fixés par le code de procédure. L'appel des mesures ordonnées par le président du tribunal à la suite de la tentative de conciliation est recevable alors même que le tribunal est saisi de la demande principale au moment où il est interjeté.

MESURES CONSERVATOIRES

L'un ou l'autre des époux peut, dès la première ordonnance et sur l'autorisation du juge donnée à charge d'en référer, prendre, pour la garantie de ses droits, des mesures conservatoires, notamment requérir l'apposition des scellés sur les biens de la communauté. Le même droit appartient à la femme, même non commune, pour la conservation de ceux de ses biens dont le mari a l'administration ou la jouissance.

Les scellés sont levés à la requête de la partie la plus diligente, les objets ou valeurs sont inventoriés et prisés, l'époux qui est en possession en est constitué gardien judiciaire, à moins qu'il n'en soit décidé autrement.

Pour éviter des fraudes que conseilleraient les poursuites, la loi établit que toute obligation contractée par le mari aux dépens de la communauté et toute aliénation par lui faite des immeubles qui en dépendent, postérieurement à l'ordonnance rendue par le président du tribunal à la suite de la requête introductive de divorce, sera déclarée nulle s'il est prouvé, d'ailleurs, qu'elles aient été faites et contractées en fraude des droits de la femme.

Ce sera à la femme de prouver la fraude du mari et, en outre, la complicité de celui avec qui il a été traité si l'acte dont elle demande la nullité est à titre onéreux.

ENQUÊTE — JUGEMENT

Le président du tribunal ayant épuisé la procédure dilatoire, les moyens de conciliation et donné l'autorisation d'assigner, le tribunal va être saisi. Aucune forme particulière n'est établie pour le divorce, la cause est instruite et jugée dans la forme ordinaire sur ajournement à date fixée et après constitution d'avoué.

Cependant, au seuil de l'instance, il y a un détail qui n'est pas sans importance : le demandeur est averti qu'il peut et pourra, en tout état de cause, transformer sa demande en séparation de corps. Qui peut le plus peut le moins.

Enfin les époux sont devant le tribunal. Les débats seront généralement publics, néanmoins, le huis-clos pourra être ordonné si la publicité doit entraîner du scandale ou de graves inconvénients.

L'instance se poursuit, les parties avancent les faits de la cause et les prouvent. En matières ordinaires, la meilleure preuve est l'aveu, mais ici le cas est fort différent. La condamnation sera le prononcé du divorce, et elle peut être également désirée par les deux parties. Quelle confiance, dès lors, pourrait-on avoir en leurs aveux ? Au besoin ils dénaturent la vérité, et, à défaut de motifs vrais, en inventent pour obtenir le divorce. Les juges, donc, se défient des aveux, surtout venant du défendeur ; ils ne peuvent leur accorder de créance que s'ils sont préjudiciables à la partie que les fait.

La preuve par témoin est préférable, à cet égard. Elle se fait au moyen d'une enquête ordonnée, quand il y a lieu, par le tribunal. Cette enquête est faite par un juge commissaire qui reçoit les dépositions et dresse un procès-verbal qui sera plus tard lu à l'audience.

D'après les règles du droit commun, les parents en ligne directe de l'une ou de l'autre des parties sont incapables d'être témoins ; les parents en ligne collatérale, jusqu'au degré de cousin issu de germains inclusivement, sont seulement reprochables, c'est-à-dire que leur déposition est sujette à caution. Ces règles, en matière de divorce, reçoivent l'exception, parce que, toujours, les faits dont déposent les témoins se sont passés à la maison et ont eu, pour témoins, des parents ou des domestiques. En considération, un texte spécial permet que les parents et les domestiques soient entendus comme témoins; il excepte les enfants et les descendants des époux qu'on ne pourrait, sans scandale, mêler à de pareils débats.

Il arrive souvent que, les deux parties ayant de mutuels griefs, à la demande en divorce qui est intentée contre lui, le défendeur riposte par une demande reconventionnelle en divorce. Quelle sera la procédure à suivre. Faudra-t-il recommencer les formalités dilatoires de l'essai de conciliation énoncées plus haut ? Non ; en première instance, la demande reconventionnelle pourrait être introduite dans le débat par un simple acte de conclusions, et, en appel, elle ne sera pas considérée comme une demande nouvelle, c'est-à-dire qu'elle sera, aussitôt que formée, jointe aux débats et jugée au fond. Mais si, à une demande en séparation de corps, l'époux défendeur répliquait par une demande en divorce, nous sortirions des hypothèses ci-dessus et il faudrait procéder par les préliminaires spéciaux aux demandes principales et nouvelles.

Dans l'intérêt des familles, le législateur a enfin édicté que la reproduction des débats par la voie de la presse, dans les instances en divorce, est interdite sous peine d'une amende de cent francs à deux mille francs. D'ailleurs, l'interdiction ne porte que sur la reproduction des débats et non sur celle des jugements.

Ce jugement est ordinairement rendu après les plaidoiries. Cependant, si la demande, encore que bien établie, ne paraît pas au tribunal de nature à désunir irrévocablement les deux époux et qu'elle ne soit pas fondée sur condamnation adultère ou afflictive et infamante, il peut surseoir à son jugement pendant un laps de temps qui n'excédera pas six mois. Cette décision résultera le plus souvent de la physionomie qu'auront eue les débats ; les juges peuvent croire que les époux ont encore des chances de s'accorder et ils prononcent un dernier délai. A son expiration, si les époux ne sont pas réconciliés, le tribunal, sur la demande de l'un ou de l'autre, est obligé de prononcer le divorce sans autre ajournement. En appel, ce délai n'est pas admis.

VOIES DE RECOURS

Le jugement ou l'arrêt qui prononce le divorce n'est pas, contrairement à la règle générale, susceptible d'acquiescement ; la loi ne permet pas au perdant de rendre définitive, par un acte émanant de sa libre volonté, la sentence judiciaire intervenue. Il doit, au contraire, toujours pouvoir l'attaquer dans les formes prescrites et par les voies mises à sa disposition.

Elles sont au nombre de quatre : l'opposition, l'appel, le pourvoi en cassation et la requête civile.

Pour rendre aussi rares que possible les jugements par défaut, la loi dispose que lorsque l'assignation n'a pas été délivrée à la partie défenderesse en personne, et que cette partie fait défaut, le tribunal peut, avant de prononcer le jugement sur le fond, ordonner l'insertion dans les journaux d'un avis destiné à faire connaître à cette partie la demande dont elle est l'objet.

Si malgré cela, la partie n'est pas avertie ou ne se présente pas, le jugement ou l'arrêt sera tout de même rendu par défaut et signifié par hussier commis, mais si cette signification n'a pas été faite à la personne elle-même, le président ordonnera, sur simple requête,

la publication du jugement, par extrait, dans les journaux qu'il désignera.

En matière de divorce, les délais d'opposition ont été
très augmentés. L'opposition est recevable dans le mois
de la signification si elle a été faite à personne, et, au
cas contraire, dans les huit mois qui suivent le dernier acte de publicité. Néanmoins, pendant ces huit
mois, fixés pour éviter toute surprise, le demandeur ne
reste pas enchaîné, il peut poursuivre l'exécution du
jugement obtenu, par un commandement, une saisie,
la liquidation de ses reprises, etc., et amener ainsi le
défendeur à faire opposition.

Remarquons bien que ces délais s'imposent non pas
seulement quand le domicile du défendeur est inconnu,
mais encore quand le défendeur, étant sur les lieux, la
signification du jugement a été faite en son domicile,
mais sans que l'huissier ait pu parler à personne.

En cas de non appel on retire du greffe un certificat
de non appel et on fait transcrire le jugement.

Le délai d'appel rentre dans le droit commun, c'est
le même qu'en matière ordinaire; deux mois au mini-
mum. Si le jugement a été rendu par défaut, le délai ne
commence à courir qu'à partir du jour où l'opposition
n'est plus recevable. Ce délai d'appel, et non pas seulement l'appel interjeté, est suspensif de l'exécution du
jugement, au moins en ce qui concerne la transcription
de ce jugement sur les registres de l'état civil. Cette
défense met obstacle à un nouveau mariage que le mari
pourrait contracter si, partie gagnante, il avait fait
transcrire le jugement sans retard et avant que l'autre
conjoint, attendant jusqu'à la dernière heure, n'ait
fait appel.

En cas d'appel, la cause s'instruit à l'audience ordinaire, mais comme affaire urgente ; on peut y indro-
duire des demandes reconventionnelles, elles n'y sont
pas considérées comme demandes nouvelles, ainsi
l'époux défendeur pourrait se porter reconventionnelle-
ment demandeur.

Le délai pour se pourvoir en cassation est de deux
mois, il court du jour de la significatoin à partie, pour

les arrêts contradictoires ; et, pour les arrêts par défaut, du jour où l'opposition n'est plus recevable. Le pourvoi, mais non plus le délai de pourvoi, est suspensif de toute exécution, jusqu'à ce qu'il en soit jugé, toujours pour empêcher un subséquent mariage, qu'on ne pourrait punir pour cause de bigamie, si le précédent jugement étant annulé, le même individu se trouvait engagé dans les liens d'un double mariage puisque, en réalité, le divorce aurait bien été prononcé et que le mari divorcé peut se remarier sans le moindre délai.

Relativement à la requête civile, il n'a rien été spécifié : le Gouvernement avait proposé de rejeter purement et simplement cette voie de recours, mais la commission ne fut pas du même avis et la requête civile est toujours autorisée. Or, s'il y a des délais pour certains cas, il n'en existe pas pour d'autres. Dans l'intervalle, le jugement peut donc être exécuté. On voit sans peine les embarras qui s'ensuivraient si la requête civile annulait le jugement prononçant le divorce et rétablissait le premier mariage : l'époux remarié aurait donc et très légalement deux conjoints. Le fait ne s'étant jamais présenté, à notre connaissance, nous n'envisagerons pas la sanction possible d'un pareil état de choses.

EXECUTION DU JUGEMENT

Le divorce, en brisant le mariage, brise le régime matrimonial tout entier, avec ses suites et ses conséquences. La même publicité qui entoure le mariage doit donc entourer le divorce, enfin que nul n'en ignore et ne contracte pas avec les époux divorcés, sans connaissance de cause.

Pour que les tiers connaissent la situation des anciens époux, la loi dispose qu'un extrait du jugement qui prononce le divorce sera inséré aux tableaux exposés tant dans l'auditoire des tribunaux civils que dans les chambres des avoués et des notaires. Pareil extrait doit être inséré dans l'un des journaux qui se publient au lieu où siège le tribunal, ou, s'il n'y en a pas, dans l'un des journaux publiés dans l'arrondissement.

Ceci est pour le public ; voici maintenant ce qui concerne les époux. Le dispositif du jugement, ou de l'arrêt, est transcrit sur les registres de l'état civil du lieu où le mariage a été célébré, et mention est faite de ce jugement ou arrêt en marge de l'acte de mariage. Si le mariage a été célébré à l'étranger, la transcription est faite sur les registres de l'état civil du lieu où les époux avaient leur dernier domicile, et mention est faite en marge de l'acte de mariage s'il a été transcrit en France.

La transcription (non la mention ni l'affichage et insertion des extraits) est faite à la diligence de la partie qui a obtenu le divorce ; la décision est signifiée, dans un délai de 15 jours, à partir du jour où elle est devenue définitive, à l'officier d'état civil compétent, pour être transcrite sur les registres. A cette signification doivent être joints des certificats constatant que le jugement a été signifié à la partie perdante et qu'il n'y a ni opposition, ni appel, ni pourvoi. Cette transcription est faite par l'officier d'état civil le cinquième jour de la réquisition, non compris les jours fériés, à peine de poursuites. Si le mariage n'a pas été célébré en France, la transcription est faite sur les registres de l'état civil du lieu où les époux avaient leur dernier domicile, et mention est faite en marge de l'acte de mariage, si cet acte a été transcrit en France.

A défaut, par la partie qui a obtenu le divorce, de faire la signification dans le susdit délai, l'autre partie a le droit, concurremment avec elle, de faire cette signification.

Le jugement dûment transcrit remonte, quant à ses effets entre époux, au jour de la demande. Conséquemment, si les époux étaient communs en biens, la communauté devra être liquidée d'après l'état de choses existant à l'époque de la demande. Les tiers, ignorant le plus généralement la demande, il n'est pas établi, à leur égard, aucune rétroactivité. Seule, la transcription produit des effets vis-à-vis d'eux.

La disposition qui concerne les époux a pour but de les empêcher de modifier le patrimoine de la communauté pendant les débats ; pendant cette durée, il serait trop facile au mari de ruiner sa femme. Quant au jour de la demande, trop imprécis, il ne remonterait, d'après certains auteurs, qu'au jour où a été lancée la citation à comparaître devant le tribunal compétent. Nous préférerions, nous, le voir reporter aux jours où l'un des conjoints présente sa requête au président du tribunal.

A partir de cette date et jusqu'au jour où la citation à comparaître est lancée, il s'est déjà écoulé un laps de temps suffisant pour permettre bien des fraudes à un mari mal intentionné.

EXTINCTION DE L'ACTION EN DIVORCE

L'action en divorce peut s'éteindre de plusieurs façons : par la **réconciliation** des époux, par la mort de l'un d'eux, compensation des torts, désistement, etc.

RÉCONCILIATION DES ÉPOUX

L'action en divorce s'éteint par la réconciliation des époux survenue soit depuis les faits allégués dans la demande, soit depuis cette demande : dans l'un et l'autre cas, le demandeur est déclaré non recevable dans son action. La preuve de cette réconciliation se fait conformément aux règles du droit commun : aveu de la partie, reprise de la vie commune, etc. ; la grossesse de la femme survenue depuis la demande en divorce n'est pas, *de plano*, une preuve de réconciliation.

L'époux qui a pardonné peut néanmoins intenter une nouvelle action pour des causes survenues ou découvertes depuis la réconciliation; il pourra, alors, se prévaloir des anciennes causes à l'appui de sa nouvelle demande. Seulement, les juges auront à apprécier si les nouveaux faits, survenus depuis la réconciliation, ont assez de gravité par eux-mêmes pour faire disparaître les effets du pardon et la fin de non recevoir qui en était la conséquence. C'est un obstacle à des caprices futiles.

MORT DE L'UN DES ÉPOUX

L'action en divorce s'éteint également par le décès de l'un des époux survenu avant que le jugement soit devenu irrévocable par la transcription sur les registres de l'état civil.

Le but de la loi du divorce étant de remédier, par la dissolution du mariage, à une situation devenue intolérable, est atteint par la mort. Le survivant des époux ou les héritiers du décédé peuvent bien avoir un intérêt pécuniaire à la prononciation du divorce, mais le divorce n'a pas pour but de sauvegarder de tels intérêts.

Si la mort survient après le prononcé du jugement, mais avant sa transcription, cette dernière formalité ne peut plus être effectuée utilement. L'action s'arrête et tombe et le jugement obtenu reste sans efficacité.

COMPENSATION DES TORTS

C'est une question fameuse et très contestée que celle de savoir si la réciprocité ou la compensation des torts constitue une fin de non-recevoir contre l'action en divorce. L'un des époux allègue contre son conjoint des griefs qui sont de nature à motiver le divorce ; celui-ci répond en invoquant contre le demandeur des griefs équivalents ; y a-t-il raison suffisante pour repousser la demande ?

Dans une hypothèse au moins la réponse semble unanimement affirmative, c'est celle où les deux conjoints ayant été respectivement condamnés à une peine afflictive et infamante, l'un d'eux baserait sa demande en divorce sur la condamnation qui a frappé l'autre conjoint.

Lorsque la demande en divorce est basée sur toute autre cause, la controverse est grande. Nous dirons avec M. Carpentier que les torts réciproques des deux époux ne constituent jamais des fins de non-recevoir absolues ; ils peuvent servir de base à une double demande et à un double jugement et surtout sont des causes d'atténuation en faveur du défendeur. Bien mieux, si ces torts ont agi comme une provocation pour déterminer ceux du défendeur, le juge devra déclarer la demande non recevable. La décision des juges en pareille matière étant une question de fait, est toujours soustraite à la censure de la Cour de Cassation. En ce qui concerne les demandes en divorce basées sur l'adultère, la jurisprudence ne considère pas, en général, l'adultère du demandeur comme une atténuation de ces torts ou comme une provocation. C'est une exception aux règles ci-dessus posées. Une femme qui connaissait et tolérait l'adultère du mari dans le domicile conjugal fut déboutée d'une demande en divorce qu'elle avait basée sur ces faits.

La doctrine est également partagée sur la question, mais elle semble cependant pencher pour la non compensation. « Le droit accordé aux deux époux de demander le divorce, quand tous les deux sont coupables, est la vraie solution » dit M. Demolombe.

DÉSISTEMENT

Le désistement du demandeur s'oppose à ce qu'il continue l'instance en divorce engagée par lui. C'est moins une fin de non-recevoir, qu'une fin de non-procéder. Pour être régulier, le désistement doit être fait et accepté par les parties ou leurs mandataires et signifié d'avoué a avoué. Il a pour effet de remettre les parties au même état qu'elles étaient avant la demande.

EFFETS DU DIVORCE

Un principe général est que le divorce laisse le passé intact et ne touche qu'à l'avenir; du jour où le divorce est prononcé le ménage cesse d'exister et de produire des effets.

ENTRE ÉPOUX — REMARIAGES — LE NOM

La femme divorcée a-t-elle le droit de continuer de porter le nom du mari ? Aucun texte légal ne résout cette question; mais déjà il est contesté que le mariage lui fasse acquérir le droit à ce nom. D'après certains auteurs elle devrait conserver son nom de famille et c'est de ce seul nom qu'elle devrait signer les actes où elle figure, en le faisant suivre de la qualification d'*épouse de M. X...* Après la mort ou le divorce elle devrait alors employer la qualification *veuve de M. X...,* ou *épouse divorcée de M. X...*

Un jugement du tribunal de Toulouse admet que les tribunaux ont un pouvoir discrétionnaire pour décider si la femme divorcée a ou n'a pas le droit de conserver le nom de son mari.

La loi se borne à dire que par l'effet du divorce, chacun des époux reprend l'usage de son nom. Au reste, subséquemment et s'il y avait lieu, le mari pourrait demander en justice que défense soit faite à l'ex-épouse de porter le nom conjugal.

De ce que, par le divorce chaque époux recouvre sa liberté il résulte qu'ils ne sont plus tenus l'un envers l'autre d'aucun devoir réciproque.

Ils peuvent contracter, chacun de son côté, un nouveau mariage, l'homme sans délai déterminé, la femme aussitôt après la transcription du jugement ou l'arrêt ayant prononcé le divorce, si toutefois il s'est écoulé 300 jours soit depuis l'ordonnance préliminaire qu'assignerait à chaque époux un domicile séparé, soit depuis le premier jugement préparatoire, interlocutoire ou au fonds rendu dans la cause. En somme, on impose à la femme un délai de 10 mois qui évitera toute confusion en cas d'accouchement.

Si le divorce était prononcé en conséquence d'une séparation de corps, la femme pourrait se remarier aussitôt après la transcription de la décision.

Les époux divorcés pourront se remarier ensemble : en ce cas une nouvelle célébration du mariage serait nécessaire. En se remariant les époux divorcés ne pourront adopter un régime matrimonial autre que celui qui réglait originairement leur union. Autrement, il y aurait certainement des ménages qui divorceraient pour se réunir ensuite en faisant précéder leur nouvelle union d'un contrat de mariage où ils se donneraient le régime qu'ils convoitent. L'édiction du législateur sera la sauvegarde des tiers.

RELATIVEMENT AUX BIENS

En premier lieu, l'époux contre lequel le divorce aura
été prononcé perdra la jouissance qu'il peut avoir, après
la dissolution du mariage, sur les biens de ses enfants
mineurs de dix-huit ans et non émancipés.

En second lieu, il perdra tous les avantages que l'autre époux lui avait faits soit par contrat de mariage, soit
depuis le mariage. Cette clause ne recevra son appli-
cation, évidemment, que si le divorce est devenu définitif par la transcription.

Ici, le mot avantage doit être pris dans un sens très
large et s'étendre à tous les profits, même minimes, que
l'époux coupable a pu retirer du mariage et si irrévocables qu'ils soient. Les libéralités de pure bienveil-
lance, faites par l'autre conjoint, devront même être res-
tituées. Toutefois, la loi n'impose pas à l'époux qui a
obtenu le divorce l'obligation de reprendre ce qu'il a
donné ; il lui est loisible d'en laisser profiter son ex-
conjoint. Mais comme le titre de celui-ci est brisé en
plein droit, il lui en faut un autre ; une nouvelle dona-
tion ou un nouveau testament sera donc nécessaire.

Par contre, l'époux qui a obtenu le divorce conserve
les avantages à lui faits par l'autre époux encore qu'ils
aient été stipulés réciproques et que la réciprocité n'ait
plus lieu ; autrement, l'époux innocent eut été puni
comme le coupable.

Nous avons déjà vu, dans le volume consacré aux
Contrats de Mariage que lorsque la dissolution de la
communauté s'opère par le divorce, il n'y a pas lieu
à la délivrance actuelle du préciput, mais l'époux qui a
obtenu le divorce conserve ses droits au préciput, en
cas de survie. Si c'est la femme, la somme ou la chose
qui constitue le préciput reste toujours provisoirement
au mari à la charge de donner caution.

Il n'est sans doute pas inutile de faire remarquer que
si la loi conserve à l'époux qui a obtenu le divorce le
bénéfice des avantages à lui faits par l'autre époux, cette
décision ne saurait modifier le caractère des avantages
stipulés et faire que ceux qui sont révocables deviennent
irrévocables.

L'époux innocent est donc exposé à perdre le bénéfice des avantages aléatoires qui lui ont été faits par l'autre époux et que celui-ci peut révoquer, comme un testament par exemple.

Si les époux ne s'étaient fait aucun avantage, ou si ceux qui ont été stipulés ne paraissaient pas suffisants pour assurer là subsistance de l'époux qui a obtenu le divorce, le tribunal pourra lui accorder, sur les biens de l'autre époux, une pension alimentaire que ne pourra toutefois excéder le tiers des revenus de cet autre époux.

Cette pension est révocable et modifiable dans le cas où elle cesse d'être en tout ou en partie nécessaire ; son chiffre est essentiellement provisoire et variable suivant les situations respectives des époux, enfin elle ne passe point aux héritiers de l'époux débiteur. Certains auteurs pensent même que cette pension pourrait être allouée par un jugement postérieur au divorce, si le besoin, qui motive l'allocation de la pension, ne s'est révélé aussi que postérieurement. Mais ces divers points, sauf le cas de révocation, sont plus ou moins controversés.

PARENTS ET ALLIÉS

Le divorce produit, d'un côté, les mêmes effets que la mort, d'un autre, il va plus loin en supprimant tous les droits et devoirs réciproques de parenté que le mariage avait créés. Ainsi la pension alimentaire n'est plus due. Mais il s'arrête là ; le caractère de parenté, d'alliance et d'affinité qu'il avait imprimé est ineffaçable.

De là est résulté une caractéristique juridique assez curieuse. On a vu deux fois, à ma connaissance, des époux divorcés épouser leur belle-sœur ou leur beau-frère, deux fois les tribunaux ont cassé ces unions en se fondant sur les articles 162 et 163 du Code civil. (Il convient de rappeler que ces articles prohibent le mariage à ce degré de parenté à moins d'une dispense du Président de la République et que dans nos espèces les conjoints avaient négligé d'user de cette grâce). Pour leur défense, ils avançaient que le divorce détruit l'alliance et que dès lors on n'a plus à demander une dispense pour épouser sa belle-sœur puisque celle-ci est censée ne l'avoir jamais été.

Les tribunaux n'ont pas admis cette thèse, ils ont déclaré, au contraire, que « l'empêchement résultant de l'alliance a ceci de particulier qu'elle ne peut commencer à exister qu'après la dissolution du mariage qui a créé l'alliance, puisque tant que le mariage existe il forme à lui seul un obstacle absolu à toute autre union. » Cette remarque est pleine d'à-propos et en dépit de sa subtilité elle tranche nettement la question dans le sens indiqué par le tribunal. Nos divorcés n'auraient donc pu se marier qu'avec une dispense du Président de la République, leur mariage fut nettement annulé. Il est vrai qu'ils pouvaient se remarier en demandant et obtenant dispense.

ENFANTS

Le divorce ne rompt pas les liens qui unissent les époux divorcés à leurs enfants ; l'obligation alimentaire et la successibilité avec leurs caractère de réciprocité subsistent toujours. Le principe du droit de puissance paternelle est également conservé, mais forcément modifié ainsi qu'il suit :

Les enfants seront confiés à l'époux qui a obtenu le divorce, à moins que le tribunal, à la demande de la famille ou du ministère public, n'ordonne, pour le grand avantage des enfants, que tous ou quelques-uns seront confiés aux soins, soit de l'autre époux, soit d'une tierce personne, une maison d'éducation, par exemple.

Quelle que soit la personne à laquelle les enfants seront confiés, les père et mère conserveront respective ment le droit de surveiller l'entretien et l'éducation de leurs enfants et seront tenus d'y contribuer à proportion de leurs facultés. Après la mort de l'un des époux divorcés, le survivant devient, de plein droit, tuteur des enfants mineurs et non émancipés, et c'est lui aussi qui exerce la puissance paternelle sur eux, alors même que la garde en aurait été confiée au parent décédé ou à une tierce personne, sauf aux ayants droit à provoquer sa déchéance ou sa destitution

Aux termes de la loi du 5 décembre 1901, lorsqu'en cas de divorce ou de séparation, la garde de l'enfant a été confiée à l'un des deux époux, l'autre époux qui refuse de remettre l'enfant à celui qui en a la garde, commet le délit de non représentation d'enfant, punissable d'un emprisonnement d'un mois à un an et d'une amende de 16 à 5.000 francs.

Il en est de même lorsque c'est l'époux, ayant la garde de l'enfant, qui refuse de reconnaître le droit de visite accordé à l'autre époux, par exemple lorsqu'une mère qui a la garde de sa fille ne consent pas à la conduire ou à la faire conduire chez le père à qui le jugement de divorce a réservé le droit de prendre avec lui son enfant, une ou deux fois par mois ?

La question a été tranchée dans le sens de l'affirmative par la condamnation à 50 francs d'amende, avec sursis, et 1 franc de dommages-intérêts, une mère qui s'était ainsi opposée à l'exercice du droit de visite de son ancien mari.

Nous verrons dans le volume consacré aux *Enfants* que les attributs de la puissance paternelle sont : 1° le droit d'éducation qui a pour corollaires le droit de garde et le droit de correction ; 2° le droit d'administrer les biens personnels de l'enfant ; 3° le droit de jouissance légale.

En ce qui concerne la garde des enfants, la décision du tribunal a toujours un caractère provisoire ; leur intérêt peut, avec le temps, exiger des modifications. Ainsi, les enfants d'un tout bas âge, et qui ont absolument besoin des soins maternels, seront laissés à la mère encore bien que soit contre elle que soit prononcé le divorce ; plus tard le père pourra solliciter du tribunal que ces enfants lui soient confiés à lui-même, les partager entre les époux ; il pourrait encore les confier aux grands-parents, à des tiers, à l'assistance publique, etc. A cette époque, le tribunal compétent sera toujours celui qui a jugé la cause, quand même les parents, ou l'un d'eux, seraient domiciliés dans le ressort d'un autre tribunal.

La dissolution du mariage par le divorce ne prive pas les enfants nés de ce mariage d'aucun des avantages qui leur étaient assurés par les lois ou par les conventions matrimoniales de leurs père et mère ; mais il n'y aura d'ouverture à ces droits que de la même manière et dans les mêmes circonstances où ils seraient ouverts s'il n'y avait pas eu de divorce.

Néanmoins et presque fatalement, il se produira souvent que le divorce préjudiciera aux intérêts des enfants, mais ce ne sera que d'une part aléatoire ; celle que la loi leur attribue ne saurait leur échapper.

DIVORCE DES FRANÇAIS A L'ÉTRANGER

Des époux français domiciliés à l'étranger ont incontestablement le droit de divorcer à condition d'ailleurs que la législature de l'Etat dans lequel ils ont établi leur domicile admette le divorce et reconnaisse à ses tribunaux la compétence requise pour statuer sur des contestations entre étrangers.

FRAIS DE L'INSTANCE

Pour sa demande, comprenant la requête introductive l'ordonnance en réponse du président, la citation en conciliation, la deuxième ordonnance, l'assignation et les conclusions, il faut déjà compter un peu plus de deux cents francs. Si on a constitué un avocat on lui aura aussi remis une provision de trois à cinq cents francs ou plus : je ne le compte pas dans les frais ci-dessous évalués.

Si le défendeur oppose une demande reconventionnelle, il lui en coûtera seulement un quinzaine de francs mais l'avoué aura sollicité une provision d'une centaine de francs.

L'enquête est-elle ordonnée, c'est une dépense variant entre 125 et 150 francs, qui s'augmentera d'environ 80 francs si le défendeur obtient une contre-enquête.

Enfin voici le jugement et sa signification : 150 fr. ; les insertions et affichages : 250 fr. S'il y a appel de nouveaux frais sont à prévoir, sinon, pour le certificat de non-appel, et la transcription c'est de 50 à 60 francs.

Tous comptes faits la procédure d'un jugement de divorce peut coûter de 12 à 1.500 francs.

SÉPARATION DE CORPS

C'est l'état de deux époux dispensés par la justice d'habiter en commun et séparés de biens. Ce n'est pas la dissolution du mariage, c'est un simple relâchement du lien conjugal.

Pour être légal et produire des effets juridiques, la séparation de corps doit être prononcée en justice ; celle qui s'opérerait par le consentement mutuel des époux ne serait qu'une séparation de fait sans valeur ; les conventions passées à cette occasion n'engageraient personne.

Les causes de séparation sont les mêmes que celles d'un divorce. Un demandeur, fondé de ces motifs, pourrait donc, à son choix, conclure au divorce ou à une séparation, suivant son goût. Au reste, les deux époux peuvent demander l'un le divorce, l'autre la séparation, et suivant le cas, le tribunal admettra l'une des deux demandes, ou les deux à la fois. Dans ce dernier cas, il va de soi que, au point de vue des effets, ce sera le divorce qui sera appliqué.

Dans l'appréciation des griefs, les tribunaux se montrent moins exigeants s'il s'agit d'une séparation que d'un divorce.

La demande est intentée, instruite et jugée presque comme en matière de divorce ; les mesures provisoires à prendre sont les mêmes dans les deux cas.

Cependant, voici quelques différences : le tuteur d'une personne judiciairement interdite peut, avec l'autorisation du conseil de famille, présenter la requête et suivre l'instance à fin de séparation de corps, ce qui n'est pas possible en matière de divorce.

Dans cette procédure, le tribunal ne peut surseoir au prononcé du jugement pendant 6 mois.

Le jugement qui prononce la séparation de corps est susceptible d'acquiescement.

Les délais d'opposition, d'appel et de cassation sont les mêmes. Le pourvoi est également suspensif.

Il n'y a pas lieu à transcription sur les registres de l'état civil ; mais l'affichage d'un extrait du jugement est obligatoire comme celui d'un divorce.

EFFETS DE LA SÉPARATION

Le sort des enfants est réglé comme en matière de divorce.

Le devoir conjugal prend fin, mais les époux restent tenus de celui de fidélité et celui qui y manquerait commettrait un adultère. L'adultère de la femme sera encore un délit, tandis que celui du mari, attendu qu'il n'y a plus de domicile conjugal, ne pourra plus être considéré comme délictueux : il ne peut y avoir entretien de concubine au domicile conjugal.

Le conjoint survivant d'un auteur a la jouissance des droits d'auteur qui appartenaient à son conjoint prédécédé, mais ce droit de jouissance n'a plus lieu au profit du survivant s'il existe une séparation de corps prononcée contre lui.

La femme contre laquelle la séparation de corps a été prononcée perd, au cas de veuvage, tout droit à une pension de retraite soit militaire, soit civile, provenant du chef de son mari.

Enfin l'époux contre lequel la séparation de corps a été prononcée perd son droit au préciput. Au reste, la jurisprudence et la doctrine estiment que la déchéance doit être étendue aussi à tous les avantages qui ont été faits à l'époux coupable par son conjoint, soit dans le contrat de mariage, soit depuis la célébration du mariage. Sauf cela, les successions entre époux se règlent comme s'il n'y avait pas séparation et, par ailleurs, comme si les époux étaient mariés sous le régime de la séparation de biens.

Le jugement qui prononce la séparation de corps ou un jugement postérieur peut interdire à la femme de porter le nom de son mari, ou l'autoriser à ne le pas porter. Dans le cas ou le mari aurait joint à son nom le nom de sa femme, celle-ci pourra également demander qu'il soit interdit au mari de le porter.

SÉPARATION DE BIENS — CAPACITÉ CIVILE

La séparation de corps doit toujours être suivie de la séparation de biens étudiée ailleurs ; mais, ici, la séparation du patrimoine commun a une importance particulière ; la femme n'obtient pas seulement des pouvoirs assez étendus d'administration, elle peut disposer de ses biens en toute liberté : les vendre, aliéner, donner, etc.

En somme, la séparation de corps a pour effet de rendre à la femme le plein exercice de sa capacité civile, sans qu'elle ait besoin de recourir à l'autorisation de son mari ou de la justice, et de lui attribuer sa part de communauté comme en cas de divorce.

DISJONCTION — RECONCILIATION

Les époux séparés manifestent leur nouvel état par une disjonction réelle, patente et effective de leurs domiciles, et, de plus, une certaine publicité.

Après le jugement, ils ne pourraient vivre ensemble.

Cependant, il leur est loisible, quand bon leur semble, de se réconcilier par une reprise volontaire et mutuelle du domicile commun.

Cette nouvelle manifestation sous cette forme est d'importance ; afin que les tiers ne soient point induits en erreur par les apparences, le code n'a pas voulu la considérer comme un simple caprice ; elle met bel et bien fin à la cessation de la séparation de corps.

La femme perd la capacité civile réconquise et, comme la séparation de biens persiste, elle est réduite aux simples pouvoirs d'administration des femmes séparées de biens. Elle pourra disposer de ses biens meubles, mais non de ses immeubles pour quoi il lui faudrait l'autorisation de son mari ou, à son refus, de la justice. La communauté ne se reforme pas de *plano*.

Toutefois cette modification de la capacité civile, de l'indépendance de la femme libérée n'est opposable aux tiers que si la reprise de la vie commune a été constatée par acte passé devant notaire avec minute, dont un ex-

trait devra être affiché comme le jugement de séparation
de biens et de plus par la mention en marge : 1° de l'acte
de mariage ; 2° du jugement ou de l'arrêt qui a prononcé
la séparation, et enfin par la publication en extrait dans
l'un des journaux du département recevant les publi-
cations légales.

En ce cas, le mari reprend encore la plénitude de l'autorité paternelle qui aurait pu lui être enlevée par le
jugement.

Quant à la communauté dissoute, elle peut être rétablie du consentement des deux parties, mais, seulement
par un acte passé devant notaire et avec minute, dont
une expédition doit être affichée.

En ce cas, la communauté rétablie reprend son effet
du jour du mariage ; les chɔses sont remises au même
état que s'il n'y avait point eu de séparation, sans préjudice néanmoins de l'exécution des actes qui, dans cet
intervalle, ont pu être faits par la femme.

Toute convention par laquelle les époux rétabliraient
leur communauté sous des conditions différentes de
celles qui la réglaient antérieurement est nulle.

<h2 style="text-align:center">NOUVELLE SÉPARATION</h2>

.Les époux réconciliés peuvent toujours, pour des motifs nouveaux, introduire de nouvelles demandes en séparation de corps.

<h2 style="text-align:center">CONVERSION EN DIVORCE</h2>

Attention, époux qui ne voulez pas de divorce, mais
qui acceptez une séparation, lorsque la séparation de
corps aura duré trois ans à dater de la signification du
jugement, ce dernier sera, de droit, et non plus facul-
tatif, suivant l'appréciation des magistrats, converti en
jugement de divorce sur la demande formée par l'un des
époux.

Cette demande s'introduit à la diligence d'un quelcon-
que des époux, aussi bien du gagnant que du perdant
dans l'instance en séparation et par assignation, à huit

jours francs, en vertu d'une ordonnance rendue par le président du tribunal à qui l'avoué du demandeur a présenté une requête. Elle est débattue en chambre de conseil sur rapport d'un juge commis à cet effet. Le jugement est rendu en audience publique. Le tribunal compétent est celui du défendeur en la nouvelle instance.

Les dépens sont mis pour le tout à la charge de celui des époux, même demandeur, contre lequel la séparation de corps a été prononcée, et pour moitié à la charge de chacun des époux si la séparation a été prononcée contre eux, à leurs torts réciproques. Ces dépens ne sont jamais bien élevés, la procédure étant insignifiante. Estimons-les à 600 francs pour le demandeur et à 300 francs pour le défendeur.

Cependant, les dispositions du jugement de séparation de corps accordant une pension alimentaire à l'époux qui a obtenu la séparation conservent leurs effets.

Sans attendre ce délai de trois ans, un des époux, qui aurait des motifs, pourrait intenter contre l'autre une demande en divorce.

Il va de soi que la seule séparation de fait, celle qui ne s'effectue que du commun accord des époux, sans jugement, et qui est inexistante au point de vue légal, ne saurait, si longue que soit sa durée, être jamais convertie en divorce. Les incidents soulevés en cours d'instance et qui sont portés devant la Cour d'appel y sont jugés en chambre du Conseil, sur rapport.

CODE DU PROPRIÉTAIRE à la ville et à la campagne

1. **Locations urbaines** : réparations, congé.
2. **Locations rurales** : cheptel, warrants, engrais, mérite agricole.
3. **Servitudes** : mur, haies, distances, eaux.
4. **Constructions** : devis, architecte, alignement.
5. **Hypothèques** : inscription, rédaction, purge.
6. **Animaux domestiques** : chats, chiens, pigeons, etc.
7. **Vices rédhibitoires** : Police sanitaire.
8. **Rentes viagères; Assurances vie.**
9. **Actes sous seing privé** : comment les faire.
10. **Assurances** : incendie, glaces, risques commerciaux.
11. **Bornage; Habitations à bon marché; Biens de famille.**
12. **Cours d'eau** : curage, moulin, canotage.
Chaque fascicule séparé **0.75**, franco **0.85**.
● Les 12 fascicules réunis en un volume broché **6 francs**.

CODE DES PLAIDEURS

1. **Justice de paix** : procédure, pouvoir, frais, etc.
2. **Tribunal civil** : procédure, pouvoir, frais, etc.
3. **Cour d'appel et de cassation** : procédure, pouvoir, frais, etc.
4. **Tribunal de commerce et conseils de prud'hommes** : procédure, pouvoir, frais, etc.
5. **Conseils de préfecture et d'Etat** : Procédure, pouvoir, frais, etc.
6. **Créanciers et débiteurs** : mesures à prendre.
7. **Police** : gendarmes, gardes champêtres, gardiens de la paix.
8. **Crimes, délits, contraventions** : casier judiciaire.
9. **Frais de justice** : avoués, avocats, huissiers, taxe.
10. **Tribunaux répressifs** : plainte, recours.
11. **Liberté individuelle.**
12. **Arbitrage amiable** : plus de procès.
Chaque fascicule séparé **0.75**, franco **0.85**.
● Les 12 fascicules réunis en un volume broché **6 francs**.

CODE DES CHEMINS DE FER

1. **Voyageurs** : place, portière, retards, accidents.
2. **Bagages** : déclarations, perte, avarie.
3. **Transport de marchandises** : tarifs, indemnité.
Chaque fascicule séparé **0.75**, franco **0.85**.
● Les 3 fascicules réunis en un volume broché **2 francs**.

CODE DU TRAVAIL (Patrons et Ouvriers)

Travail : patrons, ouvriers, tâcherons, grèves.
Accidents du travail : calcul de la rente, etc.
● Les 2 fascicules réunis en un volume broché **1.50**.

AUTRES CODES USUELS

Code de la Pêche : lignes, drogues, appâts, grenouilles. **0.75**
Code de la Bourse : piège, comptes, liquidation. **0.75**
Code-tarif des notaires : responsabilités **0.75**
Code des Métiers : bouchers, boulangers, coiffeurs, photogr. etc. **0.75**
Code des Saisies : comment les éviter **0.75**
Code de l'Assistance judiciaire : ordre, référé. **0.75**

Code de l'hôtelier, restaurateur et Cafetier : **1.50**

www.ingramcontent.com/pod-product-compliance
Lightning Source LLC
LaVergne TN
LVHW020622180726
843502LV00006B/1831